LE

MUSÉE CENTENNAL DE LA RELIURE

A

L'EXPOSITION UNIVERSELLE

PAR

GASTON DUVAL

Attaché à la Bibliothèque de l'Arsenal

PARIS
LIBRAIRIE HENRI LECLERC
219, RUE SAINT-HONORÉ, 219
et 16, rue d'Alger

1901

LE MUSÉE CENTENNAL DE LA RELIURE

A

L'EXPOSITION UNIVERSELLE

EXTRAIT DU BULLETIN DU BIBLIOPHILE

TIRÉ A CINQUANTE EXEMPLAIRES

LE

MUSÉE CENTENNAL

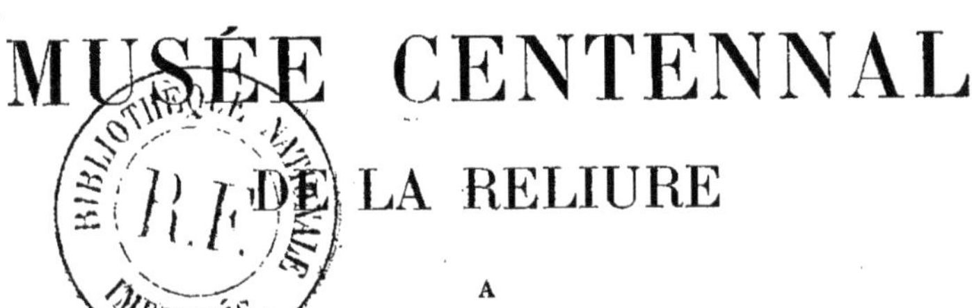

DE LA RELIURE

A

L'EXPOSITION UNIVERSELLE

PAR

GASTON DUVAL

Attaché à la Bibliothèque de l'Arsenal

PARIS

LIBRAIRIE HENRI LECLERC

219, RUE SAINT-HONORÉ, 219

et 16, rue d'Alger.

—

1901

LE

MUSÉE CENTENNAL DE LA RELIURE

A

L'EXPOSITION UNIVERSELLE

On sait que, rompant avec les classifications antérieurement usitées dans les Expositions Universelles, l'Administration a voulu cette fois-ci, pour l'enseignement du visiteur, grouper côte à côte le produit manufacturé avec la matière première, en passant par l'intermédiaire de la mise en œuvre. Mais ceci n'est qu'une façon nouvelle — toute topographique, pourrait-on dire — de présenter les mêmes objets. La véritable innovation, dont il faut féliciter sans réserve son auteur, quel qu'il soit, c'est la création des Musées Centennaux (1), c'est à dire au milieu de chaque classe ou de chaque groupe suivant le cas, d'une exposition montrant le chemin parcouru, les progrès accomplis, les modifications subies par le produit au cours du XIXe siècle en France.

Tel est le principe des Musées Centennaux : embrasser uniquement la période 1800-1900. Mais comme

(1) L'orthographe de ce mot, qui l'eut cru ? a fait verser des flots d'encre. Le journal *Le Temps* lui a consacré un long et docte article pour en critiquer les deux *n*. Pourtant Littré l'écrit ainsi, et l'administration a suivi cet exemple. Je ferai donc comme elle.

toutes les démarcations trop absolues, celle-ci se trouva être inapplicable en fait. L'année 1800 n'est une date, ni en littérature, ni en art, ni en industrie; seulement en politique, et grâce à Dieu, la politique n'avait rien à voir en l'occurence. Il fallait donc remonter plus haut ; l'époque généralement adoptée fut la Révolution : aux Musées Centennaux on exposerait les objets postérieurs à la Révolution, à l'Exposition rétrospective des Beaux-Arts (Petit-Palais) les objets antérieurs à 1789.

Ici encore les faits ont démenti les prévisions, et bien des Musées Centennaux embrassent une période beaucoup plus grande, remontent bien plus haut. Les raisons en sont nombreuses et diverses; mais il ne rentre pas dans le cadre de cette étude de les rechercher. D'ailleurs je m'empresse de le dire c'est très légitimement et à bon droit que certains Musées Centennaux ont fait du « rétrospectif ». Lorsqu'ils ont ainsi empiété sur les attributions du Petit-Palais, c'est que celui-ci avait complètement négligé ou dédaigné cette catégorie d'objets. Loin donc de blâmer certaines classes d'avoir fait l'histoire complète de leurs produits, il faut les féliciter d'avoir su prendre cette initiative et aussi l'administration des Musées Centennaux de l'avoir tolérée. Celle-ci a d'ailleurs toujours prêté le concours le plus actif et le plus dévoué aux divers comités d'installation, les suppléant même, quand ceux-ci négligeaient leur tâche ; et de cette collaboration étroite de comités particulièrement compétents et des délégués administratifs, dont les fonctions consistaient à donner la vie aux projets élaborés par les classes, sont nés ces Musées Centennaux qui sont à la fois la nouveauté et le succès de l'Exposition Universelle.

S'il est un art où la France a toujours tenu le premier rang sans conteste, et le tient encore aujourd'hui, c'est la reliure. Or, sauf de rares spécimens de couvertures de manuscrits exposés là dans les séries d'orfèvrerie ou d'ivoire, on ne trouve aucune reliure à l'Exposition rétrospective des Beaux-Arts. Le devoir des Musées Centennaux était donc de faire l'histoire de cette industrie.

Le Musée de la Reliure (groupe III, classe 13) a été organisé par M. Léon Gruel, et le nom seul de ce savant artiste était un sûr garant de réussite. Tout d'abord se présentait une difficulté sérieuse à vaincre. M. Gruel n'avait en effet, pas à compter sur le concours des grandes bibliothèques de Paris, dont les *Réserves,* qui auraient à elles-seules facilement constitué la série rétrospective, possèdent des pièces uniques, faisant nécessairement défaut au Musée Centennal. Seules les collections particulières et quelques rares bibliothèques de province ont pu être mises à contribution; et malgré ces conditions moins favorables qu'en d'autres musées, M. Gruel a su réunir dans les quatre vitrines qui lui étaient dévolues une collection très homogène où sont représentés par des spécimens excellents tous les âges de la reliure en France et presque toutes les collections d'amateurs célèbres. L'exposition est disposée chronologiquement, commençant par les vieilles reliures gauffrées et se terminant aux modernes reliures en cuir ciselé. Dans une petite vitrine quelques fers historiques et des bibelots en forme de livre.

L'usage, tout moderne, de vendre un livre broché ne remonte pas très haut. Généralement le volume, manuscrit ou imprimé, était relié avant d'être mis en vente par le libraire. Mais alors que nous commençons à bien connaître l'histoire de l'imprimerie et des imprimeurs, l'histoire de la reliure est encore toute à faire, et il est impossible d'affirmer en l'état actuel de la science, si au début la profession de relieur était absolument distincte de celle de libraire : il semble cependant que peu à peu les deux métiers se différencient pour en arriver au XVIIe siècle à la distinction. Nous avons bien, il est vrai, des comptes de reliure remontant au XIVe ou au XVe siècle. M. B. Prost en a publié; il en existe d'autres encore, de Guillaume Ogier, par exemple, relieur de la Chambre des comptes en 1462 (1). M. Gruel, au Musée centennal même, en expose de Guillaume Deschamps, relieur de Charles VI en 1387, d'un nommé Renouf en 1424, de Guillaume d'Ingouville, relieur de Charles VII en 1426, de Jean d'Ingouville, relieur de Louis XI en 1470 et 1473, et d'autres encore plus modernes (2). Malgré les quelques renseignements que nous donnent ces documents — relativement rares d'ailleurs — et sur des volumes reliés dans des conditions exceptionnelles, nous ignorons tout de cette industrie quand, et c'est ce qui serait le plus intéressant pour nous, elle était au service d'un simple libraire. Celui-ci avait-il des ouvriers relieurs à ses gages, ou le même relieur travaillait-il pour plusieurs libraires ? Nul ne saurait le dire. Mais peut-être, en étudiant la facture et les estampages de reliures, surtout depuis le moment où la découverte de l'imprimerie multiplie

(1) Archives nationales, KK, 1339.

(2) D'autre part des érudits ont, d'après diverses sources d'archives dressé des listes de relieurs, comme dans le *Bulletin du Bibliophile* même, M. Claudin pour Toulouse et M. N. Rondot pour Lyon. Mais ces travaux, pour avoir toute l'utilité désirable devraient être entrepris pour toutes les villes et tous les pays.

tellement le nombre des volumes, pourrait-on arriver à quelque résultat pratique, à reconnaître des ateliers, sinon à les identifier. Et des expositions méthodiques comme celle-ci en provoquant l'occasion de voir des spécimens d'habitude cachés, apportent à cette étude de nouveaux et précieux éléments. Ainsi, M. Gruel a pu présenter des livres offrant cette particularité de porter sur leurs plats le nom d'un libraire — souvent typographe lui-même — qui les mettait en vente, alors qu'ils sortent des presses d'un autre imprimeur. C'est en groupant et coordonnant toutes ces observations et d'autres analogues, qu'on arriverait à faire l'histoire d'ensemble du livre, car il faut bien le dire, tout ce qu'on a jusqu'ici publié sur ce sujet ne sont que des monographies.

Le premier volume exposé (1) porte sur ces plats, au milieu d'ornements linéaires, des dauphins. Cet emblème pourrait faire croire qu'il a appartenu à un Dauphin de France; mais il est plus probable, en présence du grand nombre de volumes qu'on trouve ornés de cette façon, que ce n'est qu'un motif de décoration. Sur le deuxième volume (*Aureum opus de veritate contritionis,* Paris, Fr. Regnault, 1515, in-8) se lit ce nom : PERARD, qu'il est impossible d'identifier. Est-ce un libraire, un propriétaire? La reliure du volume suivant (*Aristotelis de historia animalium libri IX*, Paris, Simon de Colines, 1524) est remarquable de goût et d'exécution. Le motif central, qu'entourent des bordures où alternent des roses et des losanges timbrés d'un aigle à deux têtes,

(1) Je rappelle, pour l'intelligence des descriptions, que l'ordre suivi est de gauche à droite, en commençant par la vitrine de gauche, et dans chaque travée de vitrine par le rayon supérieur. Tous les volumes d'ailleurs sont accompagnés d'étiquettes, pour la plupart rédigées convenablement.

est composé de guirlandes verticales de glands placés face à face. L'effet obtenu sur le veau brun par cet estampage est très décoratif. Les Coutumes de France (Paris, Dupuis, 1581) portent encore au-dessous du puits doré, marque de l'imprimeur, le nom qu'un propriétaire y fit frapper en lettres d'or : GILLES DE SAINT-YON. Le dernier volume de la tablette, que recouvre une reliure de parchemin blanc, de style et de facture allemande, présente la particularité d'être muni d'une chaîne.

Le second rayon est occupé par des reliures au nom ou à la marque de libraires. Ce sont : les *Arresta amorum,* imprimés par Charles Langelier en 1544, sur les plats duquel figurent dans un médaillon doré trois anges, marque parlante rappelant le nom du typographe ; une Bible de Robert Estienne (1545, in-f°), avec un éléphant doré, marque que Madeleine Boursette avait empruntée, en y ajoutant un B, initiale de son nom, à François Regnault, son mari défunt ; un Aristote (Douai, 1575, in-4) à la marque de son imprimeur Jean Bogard ; un volume au nom de GOHON ; une seconde reliure à la marque de Charles Langelier, mais cette fois moins grande et en même temps plus finement dorée ; une autre portant en or le griffon de Sébastien Gryphe ; enfin un Molière, avec sur le dos entre les nerfs, l'olivier des Elzevier.

La travée centrale de la vitrine est occupée par des reliures estampées, mélangées sans ordre apparent à des reliures armoriées ou à entrelacs dorés, plus modernes. La raison doit certainement en être dans le désir de varier un peu les couleurs et d'éviter une trop grande uniformité : mais on y perd en méthode ce qu'on gagne en coup d'œil, et somme toute, je crois qu'il eut été préférable de continuer comme on avait commencé.

Sur le premier rayon, un Térence (Paris, 1542, in-4),

porte une fort curieuse reliure en veau estampé que je serais tenté d'attribuer, pour le style de la figure principale à un artiste italien. Les ornements et les légendes sont fort peu en rapport avec le contenu du volume. Ce sont d'abord, comme encadrement ce verset du Psaume 90 : *Quoniam in me speravit, liberabo eum, protegam eum...;* puis à gauche, dans le coin supérieur, une croix entourée de nuées avec ces mots : *Meritum Christi* et quelques paroles encore du Psaume 70. Le motif principal consiste en une femme de profil et drapée, qu'on dirait dessinée par un maître de l'école Toscane, et comme devise : *Fides, Spes, Charitas.* C'est certainement parmi les volumes couverts de cuir estampé celui dont l'ornementation est la plus réussie. Continuant l'examen de ces reliures monochromes, on voit un volume en veau fauve, imprimé par Guillaume Eustace, portant à froid le nom de Pierre Grant ; puis les lettres de François Philelphe (Paris, Laurent Pernet, 1508, in-4) avec une reliure à compartiments représentant les quatre Evangélistes, et le nom du libraire Denis Roce ; plus loin un Ecclésiaste (Paris, 1512, in-4) sur les plats duquel se voit la Vierge adorant Dieu le Père avec cette légende : *Tota pulchra es, amica mea ;* un volume, toujours en veau fauve, portant des armoiries grossièrement estampées, reliure qui semble être de travail allemand. On trouve encore un *Opus... Roberti Holkot* (1489, in-4), avec le martyre de saint Sébastien, et au nom d'André Boule, un autre libraire ; un *Manipulus curatorum* (1494) marqué Jacobus Gavet ; une *Medicina* (1507) avec le nom de Robert Macé ; une *Rosa Gallica* (1518) dans une reliure souple en veau brun, en forme de portefeuille ; d'autres volumes enfin au nom de Jacobus Clerc, de Jehan Guilbert et de Jehan Norvis. Sur l'un de ceux portant le nom de ce dernier libraire se trouve reproduit, mais en réduction le joli motif ornant la reliure de l'Aristote de Simon de Colines, décrit plus haut. Or ce volume (un Pline, in-8) sort des presses de Robert Estienne, beau-fils, comme on le sait, de Simon de Colines, et qui avait un atelier de typographie distinct. Il est curieux de constater la similitude des deux estampages sur des volumes sortis des presses des deux parents, mais on ne peut tirer de cette rencontre d'autre conclusion que la commune origine de ces deux reliures, dont rien ne nous révèle l'auteur (1). Le Livre d'heures qu'expose plus bas M. Gruel porte à la fois le nom de son imprimeur, et sa marque sur la reliure. C'est un volume en veau brun dont la dorure est dans un état de conservation magnifique, orné du pot cassé de Geoffroy Tory.

La simple énumération de ces volumes, appartenant pour la plupart à M. Gruel ou à la bibliothèque d'Abbeville, montre l'intérêt qu'il y aurait à cataloguer les reliures portant ainsi des noms connus ou inconnus. Peut-être cela pourrait-il donner des renseignements nouveaux et précieux.

Là se termine le premier âge de la reliure. Avec les volumes suivants s'ouvre la belle période, celle où pour ainsi dire, le style se régularise, où des ornements linéaires, ou bien des fers dorés remplacent les estampages et les gaufrures, où l'on fait emploi de peaux de toutes couleurs.

(1) Cet estampage avait attiré l'attention de M. Gruel qui dans son savant *Manuel historique et bibliographique de l'amateur de reliure* (Paris, 1887), où d'ailleurs se trouvent reproduites plusieurs des reliures mentionnées ici, en a signalé trois autres exemplaires, dont l'un sur un volume imprimé à Cologne.

« La pièce capitale de la vitrine est un Ovide ayant appartenu à Marguerite de Navarre, et faisant aujourd'hui partie de la bibliothèque du marquis des Ligneris. La reliure est en veau foncé, ornée d'un semis de monogrammes dorés et, au centre, d'un médaillon où se trouvent peints des emblêmes et des armoiries. Le volume est exposé ouvert, à la feuille de garde. Sur le plat intérieur se trouve l'ex-libris peint de la Reine, un Amour lançant des flèches contre un rocher, avec sa devise en grec. Autour de ce magnifique volume sont exposés dans un beau désordre des reliures aux armes de Duprat, de Louis XII (ici je copie les étiquettes, mais ce volume est en réalité aux armes d'Anne de Bretagne, attendu qu'il est orné d'un semis d'hermines et que ce sont les armes de Bretagne, et non celles de France reléguées dans les coins, qui occupent le centre du plat) ; de Diane de France, mariée à François Farnèse (reliure en veau fauve avec un semis de monogrammes DD et FF avec le chiffre de la princesse au centre) ; de Catherine de Médicis (en vélin blanc avec le chiffre en or) ; de Charles IX (avec de ravissantes guirlandes de feuillages) ; il faut mentionner de suite, bien qu'il soit dans la travée suivante une jolie reliure en maroquin rouge, mosaïquée et avec des rinceaux de filets dorés, aux armes de ce prince. Les volumes aux armes ou aux emblêmes de Henri III sont particulièrement beaux ; le premier un Papyre Masson dans une magnifique reliure des Eve en parchemin blanc et or, couverte de feuillages et de rinceaux (à la bibliothèque de Laon) ; le second, à la bibliothèque d'Abbeville, porte les attributs de la Passion, et sur le dos, sous un crâne, un semis de larmes et de fleurs de lys ; on pourrait rapprocher de ces deux volumes les *Commentaires de César* qu'expose M. Sarriau, et qui reliés en veau brun aussi portent un semis de larmes dorées relevé de jolies guirlandes,

2

au centre ce nom NATA || NAHE, et sur le dos des Φ et des λ entrelacés. Encore dans la vitrine suivante citons de suite un *Epitome* en veau brun, avec dorure à compartiments de filets et petits fers, aux armes de France et avec les attributs de la Passion.

Il faut noter, toujours dans la même travée, trois reliures qui procèdent plus ou moins directement de celles de Grolier : ce sont un volume orné d'entrelacs et de filets dorés et à froid avec un pointillé, dont l'ensemble est peut-être encore un peu lourd ; toujours à M. des Ligneris, un superbe exemplaire de Tortorel et Périssin couvert d'une majestueuse mosaïque de cuir découpé et doré sur fond de veau brun ; puis, dans le même genre, un Nouveau Testament, à la Bibliothèque de Laon, mosaïqué et avec des filets et des petits fers ; et un Pomponius Mela, en veau fauve avec des filets et des entrelacs géométriques tout à fait dans le style de Grolier.

Dans les troisième et quatrième travées de cette première vitrine, on a réuni des spécimens de reliures des XVIIe et XVIIIe siècles, reliures armoriées ou œuvres délicates et élégantes des Le Gascon, des Ruette, des Boyet, des Derome, des Dubuisson, des Padeloup. Parmi celles-là des volumes aux armes de Méry de Vic, du chancelier Séguier, de J.-A. de Thou seul, du même écartelées de La Chastre, du comte d'Asfelt, du duc de Penthièvre avec les ancres, insignes de sa charge de grand amiral de France, de Charlotte de Montmorency, femme du Grand Condé (en maroquin rouge avec semis de fleurs de lys, et des monogrammes C M couronnés aux angles), du cardinal de Mazarin (maroquin rouge avec semis de fleurs de lys), de Marie Touchet, la maîtresse de Charles IX (en veau brun, avec sa devise : DOULCE PLAISANTE), de Marie-Josèphe de Saxe, seconde femme du Dauphin fils de Louis XV (en maroquin rouge, à entrelacs et compartiments de petits fers dans le genre de Ruette), de Marie Leczynska, de la reine Marie-Thérèse (en maroquin rouge ; ce doit-être une reliure exécutée pour le service de la maison de la Reine, attendu qu'elle est fort peu soignée : le semis de monogrammes et de fleurs de lys est frappé sans souci de déborder sur le motif central des armoiries), du Grand Dauphin, du cardinal de Richelieu (M. Hanotaux en expose plusieurs spécimens, mais deux spécialement curieux ; l'un parce que le volume porte au-dessus des armes ces mots : DE LA TRAPPE, indiquant le don qu'en fit le Cardinal à l'abbé de Rancé, l'autre par sa similitude absolue — sauf bien entendu les armoiries — avec une reliure dans le genre de Ruette, à compartiments et petits fers aux armes du chancelier Séguier, appartenant également à M. Hanotaux); de Particelli d'Emery, de Caumartin Saint-Ange, de Ch.-L. de Trudaine, de Créquy. Il faut aussi remarquer une curieuse collection d'ouvrages offerts en prix sous l'ancien régime par différents personnages au collège d'Amiens, et appartenant maintenant à la Bibliothèque d'Abbeville. Ce sont des volumes aux armes de Paul Barrillon d'Amancourt, marquis de Branges, intendant de Picardie, donné en 1671 ; de France, avec un semis de fleurs de lys et dans la bordure le monogramme Q Q, volume offert par les trésoriers du bureau des finances d'Amiens en 1665 ; de Henri-Louis d'Albert d'Ailly, duc de Chaulnes, gouverneur de Picardie ; de François Faure, évêque d'Amiens, donné en 1663 ; de Henri Feydeau de Brou, évêque d'Amiens. Dans la même catégorie de reliures M. Sarriau expose un volume aux armes de la ville de Châlon-sur-Saône avec cette inscription : *Ex dono Claudii Tapin, 1655* ; un autre aux armes de J. de Montpezat de Carbon, archevêque de

Bourges, offert au collège des Grassins; et M. Hanotaux les Emblèmes d'Alciat, en veau brun avec petits fers et guirlandes aux armes du maréchal de Schomberg, prix du collège de La Flèche.

Parmi les livres à ornementation variée, il en est beaucoup qui mériteraient mieux qu'une simple mention : une Semaine sainte en maroquin rouge à compartiments et petits fers, composition exquise signée de Ruette, et ayant appartenu au relieur Thouvenin avant d'entrer dans la bibliothèque de M. Hanotaux; des *Satyres* de Perse, à M. Gruel, en maroquin rouge, le dos à compartiments, petits fers pointillés de Le Gascon sur les plats; un Tacite, à M. le baron de Claye, en maroquin bleu, avec doublure de maroquin vert et dorure de filets et petits fers de Boyet; des *Opuscula* d'Erasme, en maroquin rouge, avec une décoration dans le genre de Le Gascon et le chiffre A M; des *Psaumes* de David, en maroquin vert avec petits fers au pointillé; une reliure lyonnaise en mosaïque peinte (la composition n'en est pas d'un goût très heureux); deux offices de la Semaine sainte, à M. Gruel, de dorure identique, — semis de L couronnés et de fleurs de lys — exécutée pour Louis XIII, l'une, sur maroquin brun par Clovis Eve, l'autre sur maroquin rouge par Antoine Ruette; un Livre d'Heures, d'Antoine Vérard, à M. le marquis des Ligneris, couvert, mais postérieurement, en veau noir avec compartiments de filets dans le genre de Grolier; un Mystère de la Conception en maroquin bleu, bordé d'une dentelle à La Vieuville, ornée de fleurs de lys et de soleils; un volume des *Annales des très preux...* à Madame la vicomtesse de La Rochefoucauld, dans une superbe reliure en veau brun à compartiments de filets mosaïqués et argentés, avec dentelle dorée tout à fait dans le goût de Grolier; à côté un Erasme (malheureusement dans une reliure moderne) ayant appartenu à l'illustre collectionneur Lyonnais et annoté par lui, avec un jeton à ses armes exposés par M. le marquis de Grollier, et les Mémoires de Martin du Bellay, en veau brun avec compartiments et entrelacs mosaïqués et dorés, et la devise *Io. Grolierii et amicorum*.

Avec la deuxième vitrine nous entrons dans le XVIIIe siècle.

Ces reliures d'époque Louis XV et Louis XVI valent la peine qu'on s'y arrête, par le décor, riche encore que prétentieux et empâté parfois, qui accompagne les armoiries : ce sont principalement des almanachs, tels que ceux exposés par M. Rahir, aux armes de Mailly, de Malon de Bercy (plaque de Dubuisson), par la Bibliothèque de Laon aux armes de d'Aguesseau, par M. Gruel, aux armoiries du maréchal de Richelieu, mosaïquées sur maroquin citron (reliure signée de Dubuisson). D'autres volumes méritent d'être signalés : un contrôle des Gardes Suisses aux armes de Choiseul-Stainville, en maroquin citron, à rapprocher d'un magnifique portefeuille de maroquin rouge, aux armes de Choiseul, sans la surcharge de la croix pattée de Stainville ; les statuts de l'Ordre du Saint-Sépulcre de Jérusalem, aux armes de l'Ordre entourées d'une délicate dentelle à l'oiseau de Derome ; un manuscrit oblong à M. Allard du Chollet, couvert en maroquin rouge avec dentelle et chiffre J. L. N. en guirlande ; un almanach, à M. Gruel, relié par Dubuisson, avec les portraits dorés de Louis XV et de Marie Leczynska ; les *Amours des Dieux*, ballet de Mouret, dansé à Sceaux, en 1727, à la petite cour de la duchesse du Maine, dans une reliure de Vente, en veau marbré avec un fer délicieux représentant des amours, entourés d'attributs et d'instruments de musique, supportant la couronne fleur-delysée au-dessus des armes de la duchesse ; une couverture de satin brodé en soies multicolores et argent, toujours de la collection Gruel, représentant un bal sous Louis XV, avec des armoiries malheureusement indéchiffrables par suite de l'usure ; des volumes aux armes des filles de Louis XV, sans autre décor ; un manuscrit des prières de la messe, à M. Amidien Duclos, en maroquin rouge, avec une belle dentelle, dans le goût du XVIIe siècle, régulière et uniforme, qui comme celle — très fine — d'un volume en maroquin vert à M. Astruc détonne un peu au milieu des coquilles et des volutes du XVIIIe siècle ; un volume en veau, à M. Petit, avec le blason parlant de Chérin, trois têtes de chérubins dorées, avec des têtes semblables aux quatre coins ; un livre d'église avec une délicate dentelle à l'oiseau, à M. Gruel ; encore à lui, un almanach de 1766, en maroquin blanc découpé avec paillons, formant un décor de fleurs, reliure de Bailly ; un *Manuel du Chrétien* en 3 volumes, dans une reliure jumelle de maroquin rouge, avec dentelles et petits fers d'une grande finesse. Il y a dans la vitrine précédente un autre spécimen de cette façon bizarre d'accoler des volumes tête-bêche ; c'est un *Office de la Vierge* de 1658, en maroquin noir avec petits fers au pointillé.

Puis pour finir deux curiosités : l'une, les statuts de la loge « La bonne foi », volume de forme triangulaire relié en maroquin vert par Monier et Plumet, tous deux membres de la loge, avec dentelle au petit fer où sont parsemés des emblèmes maçonniques ; l'autre les *Statuts et réglements des relieurs-doreurs de Paris*, 1750, relié en veau écaille par un praticien nommé Jean Redon qui a eu l'idée peu banale d'inscrire sur les plats et le dos de ce volume, son état-civil et ses grades ès-reliure. Voici ces mentions : 1er plat : JEAN || REDON ||

NÉ LE 2 DE || JUILL. 1739 || A BRÉGY || DIOC. DE || MEAUX || ; 2e plat : MARIÉ || LE 2 AVRI || 1765 PARO || S. HILAIRE || A || PARIS ; sur le dos, entre les nerfs : J. REDON || REÇU || APPRENT || AN 1757 || MAÎTRE || 2 AVRIL 1766 || PRÊTÉ || SERMEN || LE 1. MAY || .

Dans les pupitres placés devant les vitrines murales, on remarque au milieu de manuscrits célèbres, mais qui ne nous occupent pas ici, et de fers à dorer d'époques et de provenances diverses quelques volumes, petits, mais particulièrement précieux : une *Marine Royale* en maroquin vert, dont la doublure, de maroquin rouge porte au milieu d'une ravissante dorure au petit fer les armes de la reine Marie-Antoinette (collection des Ligneris) ; une *Histoire de Madame de Luz,* en veau, aux armes de la Reine et provenant de la Bibliothèque de Trianon (à M. Gruel) ; un *Office de la Vierge* en maroquin bleu, doublé de maroquin rouge, avec dorure au petit fer et aux armes de Madame de Pompadour ; le prix du volume est encore augmenté par l'illustration composée de dessins originaux de Boucher; un almanach de 1792 en maroquin rouge, avec dentelle à la grecque et les initiales L P de Louis-Philippe Egalité ; un volume en veau où les armes de Anne-Marguerite de Beauvau-Craon, furent recouvertes sous la Révolution d'une pièce de cuir rouge portant un faisceau avec la hache et des piques croisées. Ce fut, on ne l'ignore pas, une précaution que prirent en ces temps troublés bien des ci-devant nobles pour sauver leur vie : ceux dont les volumes ne portaient pas d'armoiries, mais des ex-libris, faisaient coller par dessus des feuilles de garde, comme comme ce fut fait pour la bibliothèque du président Rolland, par exemple. Enfin quelques reliures de style révolutionnaire : une Constitution de 1791 en maroquin rouge, avec dentelle au petit fer et ces mots : Dieu, la Nation, la Loi, le Roi. Egalité, Liberté, Union, Justice ; une Constitution de 1795, reliée en maroquin vert par Bradel jeune, portant comme motif central un œil dans un triangle, symbole de la vigilance ; et d'autres almanachs où des emblêmes « patriotiques » tels que : bonnets, sabres, faisceaux de licteurs, piques, etc, remplacent dans de fines dentelles les oiseaux ou les fleurs employés d'habitude quelques années plus tôt. Ce sont des spécimens des dernières reliures gardant le style et l'élégance du XVIIIe siècle, malgré les changements imposés par les circonstances. Un peu plus, et nous trouvons le guindé et le néo-antique de l'Empire.

Toutefois avant d'aborder la reliure du XIXe siècle, on ne saurait négliger les délicieux petits almanachs galants de M. de Savigny de Moncorps. Leur grâce mièvre, leur décor spécial mériteraient de nous arrêter longtemps : mais devant l'impossibilité de le faire il faut se contenter d'en donner tout au moins un catalogue succinct :

Le Narcotique des Sages, 1791 ; soie blanche avec peinture et paillons, de Jubert.

Les Amusements de Paris, 1786 ; soie blanche, broderie aux paillettes, de Jubert.

Les Etrennes mignonnes, 1776 ; maroquin rouge avec dorure, paillons et peinture de paysage sous verre.

Les Règles pour vivre chrétiennement, Limoges, 1782 ; maroquin La Vallière, peintures et armoiries de Turgot, sous verre.

Les Plaisirs de la ville, 1779 ; maroquin blanc découpé avec paillons multicolores, de Boulanger.

La Vie pastorale. Etrennes dédiées à l'amour, 1788 ; soie blanche avec broderie de paillettes et pierreries et peintures sous verre, de Boulanger.

La Fête des bonnes gens, 1788 ; maroquin découpé avec gouaches peintes sous mica (scènes villageoises), de Boulanger.

Les Finesses cousues de fil blanc ; soie blanche avec vases de fleurs brodés, (paillons et pierres fines), de Janet.

Les Soirées de Célie, 1792 ; soie et décoration de broderies à paillettes et pierreries, de Janet.

Le Sorcier de Cythère ; soie blanche avec peinture en camaïeu (scène galante) et broderies à paillons, de Langlois.

L'Almanach galant et moral, 1786 ; soie blanche brodée de paillons et peinture de costumes de l'époque, de Boulanger.

L'Almanach royal, 1763 ; maroquin olive, aux armes peintes de La Vrillière sous mica.

L'Almanach de 1782 ; reliure en nacre avec incrustations de vermeil (guirlandes et bouquets).

L'Almanach de l'Amour, 1788 ; maroquin rouge avec décor de feuillages et colombes.

Les Etrennes mignonnes, 1739 ; en maroquin olive avec dentelle de petits fers.

Les Tablettes de Bourgogne, 1756 ; maroquin olive décor de scènes champêtres.

Le Calendrier de la Cour, 1785 ; maroquin rouge, aux armes de France, dorure représentant la naissance du Dauphin.

Id., 1787 ; maroquin olive, dorure, portrait et devise : l'Innocence reconnue.

Les Spectacles de Paris, 1755 ; maroquin La Vallière, dorure et scène : Danseur et danseuse.

L'Almanach de Lorraine, Nancy, 1782 ; maroquin rouge, dentelle et scène : Les sollicitations pressantes.

3

Les Etrennes américaines, 1787 ; maroquin rouge, dentelle et scène : La Toilette.

L'Almanach des folies de l'Amour, 1787 ; maroquin rouge, dorure et scène : Le Colin-maillard.

L'Amour dans le globe; maroquin La Vallière, dentelle et plaque au globe aérostatique.

Les Colifichets. Livres galants, 1790; maroquin rouge, dentelle et scène : La Prise de la Bastille.

L'Almanach des folies modernes, 1787 ; maroquin rouge, décor doré et colombes.

Les Etrennes des saisons, maroquin rouge avec bouquets de fleurs dorés.

Les Embûches de Cythère, 1787 ; maroquin crême, décor doré, au centre un motif rouge avec des grenades.

Petit agenda, 1786 ; maroquin rouge, dentelle et plaque au dauphin avec fleurs de lys et une petite glace.

Le Trésor des almanachs, 1781 ; maroquin rouge, petits fers, empiècement vert avec des Amours forgerons.

Calendrier de 1787 ; maroquin rouge, dentelle dorée avec l'autel de l'Amour.

L'Heureux mariage, 1793 ; maroquin myrte, dentelle et colombes dorées.

Les Tablettes d'Erato, 1792 ; maroquin blanc, dentelle dorée et peinture (amours jouant), de Jubert.

Le Trottoir du Parnasse, 1788, maroquin blanc, dorure et fleurs peintes, de Jubert.

Les Accidents heureux, de 1786 ; soie blanche avec broderies et paillons, de Jubert.

Puis quatre autres à M. Gruel, de même style :

L'Almanach pacifique, 1793 (curieux rapprochement que ce titre et cette date ; le contenu en serait intéressant à étudier) ; reliure de Janet, en soie blanche avec perles et peinture, et cette devise : Autant de cœur que d'amour.

L'Almanach de Normandie, 1769 ; maroquin citron avec empiècements rouges, dorure en filets, pointillés et petits fers de Padeloup; un Amour peint avec la devise : Votre absence me désole.

Un autre *Almanach de Normandie,* 1782 ; en maroquin rouge avec dorure de style rocaille.

La Soirée joyeuse, 1764 ; soie blanche brodée de paillettes et pierres fines avec peintures dans un cadre d'argent.

L'exposition centennale proprement dite occupe les dernières travées de la seconde vitrine : c'est beaucoup certainement, eu égard à l'ensemble du Musée, mais bien peu pour ce qu'on aurait voulu y voir. Notre siècle marque en effet une étape énorme dans l'histoire de la reliure, tant par l'emploi de matériaux nouveaux, que par la diversité des goûts et des styles qui ont inspiré l'ornementation des couvertures de livres, et des moyens mis en pratique. De plus, pour le XIXe siècle, le choix des spécimens ne devait pas être compris de la même façon que pour les siècles précédents. Il aurait fallu, montrant des reliures de tous les genres et de toutes les qualités, ne pas s'attacher à la recherche seulement d'exemplaires de luxe, mais, encore une fois, à en faire l'histoire comme industrie et pas seulement comme art. Nous aurions aimé à voir des cartonnages de Bradel, des demi-reliures d'artistes dont c'est la spécialité ; et même quelque cartonnage d'éditeur, jusqu'au volume recouvert de papier gaufré et doré — comme il s'en distribue en prix dans les écoles — eut été à sa place, comme telle reliure ornée d'émaux ou d'orfévrerie, caractérisant l'époque Second-Empire. Et cependant le Musée Centennal ne possède pas de spécimen de ces articles. La reliure pleine et de luxe est très bien représentée — bien que s'arrêtant à mon avis trop tôt : il eut fallu en amener des exemples jusqu'à l'année 1889 ; — la reliure de fantaisie, de travail et de camelote ne l'est pas du tout. Regrettons-le, et examinons ce qui se trouve exposé.

L'ordre chronologique qui avait présidé à l'arrangement de la première partie du Musée, n'a malheureusement plus été respecté, et force m'est d'aller d'une planche à l'autre pour trouver des reliures contemporaines.

Ayant fini la reliure Louis XVI sur les petits almanachs, bibelots plutôt que livres, couverts plutôt que reliés, dont plusieurs étaient l'œuvre mièvre et délicate de Janet, il est curieux de remarquer le style nouveau adopté par le praticien. Quelques années séparent il est vrai les deux œuvres, et bien des évènements, bien des changements se sont produits dans le goût et les mœurs. Lors même que le titre *Le Chansonnier des dames* rappelle les productions de la fin de l'ancien régime, la reliure s'est modifiée : cette fois, Janet a recouvert le volume de vélin blanc avec au centre une plaque dorée et mosaïquée surmontée d'un plein-cintre et avec un petit encadrement aux bords (Collection Léon Gruel).

Ensuite viennent chronologiquement, deux petits volumes recouverts de vernis sans odeur ; un *Processionnal de l'Eglise de Sens*, à M. L. Gruel, laqué rouge vermillon, avec les armes de J.-H. de Brienne, archevêque de Sens, et décoré d'une bordure à rinceaux peinte en or de deux tons ; et un *Daphnis et Chloé*, à M. Hanotaux, reliure signée Lefevre, également laquée vermillon, avec, sur les plats entourés d'une dentelle de lierre et de fleurons, Daphnis et Chloé d'un côté, de l'autre une danseuse, le tout doré. Ces deux curieux volumes ont été étudiés par M. Léon Gruel (1) et je préfère renvoyer pour la technique à l'article du savant artiste que de mal répéter ce qu'il a si bien dit.

Puis nous abordons l'Empire avec quelques reliures armoriées : un recueil de romances, à M. Ernest Petit, en maroquin rouge aux armes de la maréchale Suchet, duchesse d'Albuféra ; la bordure de chaque plat se compose de quatre motifs indépendants — extérieurement une série d'autels antiques en forme de trépieds reliés par des guirlandes, puis des rameaux entrelacés, encore des guirlandes de vigne avec des pampres et enfin des lambrequins, — dont la réunion produit un ensemble fort heureux ; des *Arabesques trouvées à Rome*, en maroquin rouge, avec l'aigle impériale et une bordure composée de lyres alternant avec des médaillons à sujets de style pompéïen et reliés par des guirlandes de feuillages ; encore à M. Béraldi, une *Analogie de la musique avec les arts*, en maroquin grain-long rouge au chiffre de Cambacérès sur le manteau de Sénateur et entouré de la Légion d'honneur, avec dentelle de feuillage ; toujours de la même collection, une reliure de bel effet, en maroquin rouge, aux armes de Montalivet, avec dentelle et grecque ; un volume, *Recherches sur l'art du statuaire*, en maroquin rouge, portant sur un écusson timbré d'un casque et ceint de branches de lauriers avec la Légion d'honneur, l'initiale M, et dont les plats sont bordés de deux rangées de dentelles avec un semis d'étoiles au petit fer ; et une reliure en maroquin rouge, provenant du château de Valençay, avec deux dentelles, une grecque et une guirlande de pampres. Enfin, pour terminer, sur un

(1) *Bulletin du Bibliophile* (avril 1900). Une planche reproduit les dessins décorant le *Daphnis et Chloé*.

Voltaire, une reliure de Bozérian en vélin blanc avec encadrement de dentelle et grecque (mais, comme il est facile de le voir à la dorure de la dentelle, l'artiste n'avait à cette époque pas encore acquis le tour de main qu'il eut depuis) ; et, à M. Léon Gruel, un *Almanach des Demoiselles pour 1812*, recouvert de satin imprimé en couleurs.

Sous la Restauration commence l'évolution de l'ornementation du livre : peu à peu le motif central simplement décoratif d'abord, puis scénique et à personnages tend à occuper tout le plat, pour en arriver aux cathédrales de 1830. Quelques traditions du siècle précédent persistent encore : sur une *Grammaire hébraïque*, par exemple, à M. Hanotaux, en maroquin grain-long rouge aux armes de Louis XVIII, bordée d'une dentelle sobre et ornée de fleurs de lys aux quatre angles ; sur une reliure en maroquin vert de Vanette, aux armes de la duchesse de Berry, avec une ornementation analogue ou encore, bien qu'un peu postérieure, sur une *Jeanne d'Arc* en grain-long rouge violacé, aux armes de la reine Marie-Amélie dans un cadre de dentelle et filets dorés. De même il n'est pas niable que le cartonnage peint, de Lefuel, qui recouvre un *Hommage aux demoiselles* (1823), à M. L. Gruel, ne soit fortement inspiré, avec ses amours, ses guirlandes, ses bustes, ses lyres, cette figure pompéienne tenant un Amour par les ailes, du pseudo-antique qui faisait fureur au commencement du siècle. Mais ce ne sont que de rares exceptions et dans l'ordinaire on voit apparaître des attributs, des motifs, entourant les armoiries, compliquant la décoration, surchargeant les plats : telles les *Veillées françaises*, reliées par Simier pour Charles X, en maroquin rouge : l'artiste a, par une exagération archéologique, funeste à l'ensemble, obtenu un résultat tout opposé à ses efforts. Il a attribué au Roi un écusson en losange entouré de fleurs de lys naturelles et surmonté de la couronne ouverte des Valois ; autour des plats une dentelle à froid avec des fleurons aux angles. Une autre reliure en veau brun, toujours de Simier, porte les armes de Portugal à froid entourées d'ornements néo-gothiques avec encadrement de filets dorés.

Puis, les fleurons des angles augmentant en même temps que le motif central, le tout arrive à se confondre dans des complications de dessins, de volutes, de rosaces où l'œil se perd au milieu des peintures et des reliefs. L'art du doreur décline, c'est le triomphe de la plaque et de l'estampage. Pour amener une réaction et le retour aux saines traditions de la reliure française il faudra la rencontre du goût éprouvé d'amateurs comme Nodier et Yéméniz avec le sens artistique et la conscience de praticiens comme Thouvenin, Bauzonnet ou Niédrée.

De ces reliures flamboyantes et surchargées, le choix ne manque pas : un *Rabelais analysé,* en veau brun clair rosacée estampée à froid, filets et fleurons d'angle dorés, à M. Rahir, dont il conviendrait de rapprocher un *Montesquieu* à M. Béraldi, en veau brun clair, avec estampages à froid en forme de masques, feuillage et rinceaux de Muller, successeur de Thouvenin ; et, à M. Gruel un *Ossian,* relié en veau rouge par Wynants et couvert d'une ornementation à froid très compliquée, mais où, comme dans les volumes précédents, domine l'emploi de la ligne courbe en rinceaux indécis. Dans le même genre il faut citer un *Anacréon*, à M. Béraldi, en veau brun avec rosaces et nervures de feuillage estampées et encadrement de filets dorés, de Thouvenin ; une reliure à plaque de mosaïque peinte avec rosace centrale polychrome en repoussé (collection Herluison) ; à M. Gruel, un *Eucologe ;* comme décor, un mélange de dorure et d'estampage, par Duplanil ; une *Flore des Dames* avec une ornementation analogue en rosaces, de Mannicel; des *Chefs d'œuvre de Fabre d'Eglantine*, ornés dans le même goût par Thompson : puis un *Ordre de chevalerie civile et militaire*, en veau violet foncé avec estampage à froid et aux bords quelques filets dorés, par Ginain. Enfin un *Paul et Virginie* à M. Th. Belin, recouvert par Larrivière de veau brun clair, dentelles à froid et sur les plats un dessin géométrique formé de losanges obtenus par des filets noirs avec dorure aux points de jonction : du même relieur mais dans une facture différente, l'*Enéide*, en maroquin violet, avec dentelle et cadre dorés.

Avant d'arriver aux cathédrales, résultantes du Romantisme et de la manie de la couleur locale, notons quelques reliures à personnages : les *Chroniques françaises*, en veau rouge, avec un ange estampé tenant un écu où se lit le titre du volume (Collection Béraldi), et, à M. Herluison, l'*Inde pittoresque*, en veau brun doré et orné d'un estampage de divinité hindoue avec des rinceaux sans nombre et une bordure de feuillage. Dans les reliures à la cathédrale il s'en trouve d'estampées et de peintes : parmi celles-ci l'*Art du tailleur*, à M. Béraldi, en veau brun clair avec peinture par Badissous, relieur à Toulouse. Les autres sont moins rares ; M. Rahir en expose trois : un *Montaigne*, reliure en veau rouge à froid avec cathédrale estampée et quelques filets dorés, de Thouvenin ; des *Contes du Gay Savoir*, en maroquin violet avec estampage à froid genre cathédrale, rosace et meneaux, de Simier ; enfin une plaque de reliure à M. Paul Souze, qui offre la plus excessive débauche de flamboyant en colonettes, statues, etc.

Cependant il ne faudrait pas croire que la dorure fût absolument perdue. M. Béraldi expose un *Montesquieu* en maroquin rouge orné de filets d'or illimités par Lebrun. Le fait d'avoir ainsi poussé ces innombrables filets parallèles dénote de la part du doreur une véritable habileté. On usait encore de petits fers, comme pour cet *Album de typographie de l'Imprimerie royale*, en maroquin rouge avec fers dorés, pour ces *Considérations sur la marine*, en maroquin rouge au chiffre couronné du duc d'Aumale, entouré de guirlandes de lauriers et avec des rosaces et des coquilles aux angles (Collection Th. Belin), et pour les *Mémoires du duc de Montpensier*, à M. Rahir, reliés en maroquin rouge avec le chiffre de Louis-Philippe, la couronne royale, des guirlandes de laurier et de larges motifs décoratifs entourés d'entrelacs.

J'ai parlé plus haut de l'influence de Nodier. M. le baron de Claye a prêté un petit volume, les *Passe-temps de Baïf*, relié par Thouvenin pour Nodier, en maroquin poli avec des filets et deux petits médaillons *Ex Musaeo Caroli Nodier*, et *Ex opificina Jos. Thouvenin*. Dans ce genre, les *Mimes de Baïf*, en maroquin bleu à compartiments avec filets, petits fers et feuillages de Capé, à M. Béraldi, les *Œuvres de Saluste du Bartas* à M. Gruel, en maroquin bleu, avec dentelle de feuillages, de Lortic père, ou les *Petites Heures*, en maroquin brun avec dentelle, trophées de flèches, bouquets de fleurs ; cette dorure de Joly aurait gagné beaucoup à être moins touffue ; telle qu'elle est, elle semble un peu lourde. Encore, les *Vies des hommes illustres*, en maroquin brun, reliure de Gruel-Déforge à compartiments de filets, de fort bon style, ou ces *Heures*, en maroquin foncé, avec composition de filets et feuillages dorés (collection Béraldi), et ce *Paul et Virginie*, encore à M. Béraldi, en chagrin violet avec feuillage, rinceaux et entrelacs dorés.

Les motifs décoratifs obtenus au filet et par des entrelacs mosaïqués sont assez rares au milieu du XIXe siècle. Il s'en trouve quelques-uns cependant : une composition d'entrelacs dorés avec des filets entourant le dessin sur un fond de maroquin vert, exécuté chez madame Gruel, vers 1845, par Marius Michel père, le premier de la dynastie des grands doreurs, décore un *Constantinople* à M. L. Gruel. De la même collection, une autre reliure montre, sur maroquin rouge, une composition de compartiments avec des entrelacs pris sur le fond de feuillage, par Girardet ; une autre de Marius Michel père (1847) présente une dorure avec motif central, exécutée entièrement au filet avec pointillé donnant l'illusion de petits fers, et rappelle absolument le style des reliures de Grolier. Il faudrait encore citer une dorure de Cuzin avec petits fers et mosaïquée sur maroquin rouge, pour feu M. Francis Greppe ; un *Malherbe* à M. Rahir, en maroquin noir avec compartiments de Thouvenin ; et une doublure de Niédrée en maroquin rouge, ornementée de filets dorés et petits fers en un joli dessin d'entrelacs (collection Béraldi).

Trois reliures sont encore inspirées par le même goût : une, de Linois, mosaïquée et estampée avec palmettes multicolores, rouges, vertes, noires, sur fond doré, recouvre un volume de *Fantaisies*, de Charlet, à M. Béraldi ; deux autres, toutes deux de la collection Gruel, et toutes deux dessinées par Rossigneux. La première, datant de 1842, a été exécutée chez Madame Gruel : elle est en veau brun clair, ornée d'entrelacs noirs, et sur un losange central en noir criblé de pointillés dorés se détache sur une banderolle le titre du volume, *Richemont*, mosaïqué en rouge. On peut ne pas aimer cet ensemble, mais au point de vue facture et technique, c'est d'un travail magnifique. La seconde a été dorée et mosaïquée en 1846 par Marius Michel père, sur le volume commémoratif de la mort du duc d'Orléans : *La Chapelle Saint-Ferdinand*. L'influence néo-gothique, si l'on peut s'exprimer ainsi, s'y fait encore sentir dans des détails empruntés à l'architectonique, mais le style de cette reliure grand in-folio, les couleurs judicieusement choisies de la mosaïque, en font un tout très homogène, qui se « tient » et arrête l'attention.

Enfin quand j'aurai cité un *Mois de Marie*, à M. Gruel, recouvert de velours bleu-de-ciel, avec un cadre en relief de bois sculpté, dessiné par Liénard, et un émail des frères Solier, représentant la Vierge assise devant un métier et deux anges lui présentant des fleurs, j'en aurai fini avec la reliure du siècle (1). Car ce n'est pas un petit in-12 en maroquin rouge avec une dorure grossière et des armes démesurées du cardinal Antonelli — intéressant seulement comme provenance — qui comblera la lacune de 1850 à 1889.

Mais il est inutile d'insister. L'exposition rétrospective de la reliure, telle qu'elle est, représente des négociations assez difficiles, est assez intéressante et assez réussie pour mériter à la Commission d'organisation et à M. Léon Gruel, les félicitations et les remerciements de tous les amateurs de belles reliures.

(1) Bien que ce soit en dehors de la classe 13, il n'est pas absolument étranger au sujet de cet article de signaler, au Musée centennal de la classe 95 (bijouterie), la couverture de livre en vermeil avec pierreries, perles et émaux, faite pour Madame la duchesse de Chartres, par Froment-Meurice père ; ou au musée du Groupe XII (ameublement) une reliure romantique, à M. Fabius, en velours avec cathédrale rappliquée en bronze.

VENDOME

IMPRIMERIE F. EMPAYTAZ

VENDOME

IMPRIMERIE F. EMPAYTAZ

www.ingramcontent.com/pod-product-compliance
Ingram Content Group UK Ltd.
Pitfield, Milton Keynes, MK11 3LW, UK
UKHW022138260726
13993UKWH00005B/2023